GUÍA DE LECTURA

Escrita por Florence Meurée
Traducida por Marta Sánchez Hidalgo

El avaro

de Molière

Resumen Express.com
GUÍA DE LECTURA
Cincuenta sombras de Grey
de E. L. James

MOLIÈRE   1

Dramaturgo, actor y aposentador de las tropas francesas

EL AVARO   2

El avaro, una figura emblemática del teatro de Molière

RESUMEN   3

ESTUDIO DE LOS PERSONAJES   8

Harpagón

Cleantes

Mariana

Valerio

Elisa

Anselmo

CLAVES DE LECTURA   13

El amor y el dinero, motores de la acción

Los recursos de lo cómico

El avaro, un buen ejemplo de intertextualidad

PISTAS PARA LA REFLEXIÓN   18

Algunas preguntas para profundizar en su reflexión...

PARA IR MÁS ALLÁ   21

MOLIÈRE

DRAMATURGO, ACTOR Y APOSENTADOR DE LAS TROPAS FRANCESAS

- **Nacido en 1622 en París (Francia)**
- **Fallecido en 1673 en la misma ciudad**
- **Algunas de sus obras:**
  - *Don Juan* (1665), comedia
  - *El avaro* (1668), comedia
  - *El burgués gentilhombre* (1670), comedia-ballet

Molière (cuyo verdadero nombre es Jean-Baptiste Poquelin), autor, director teatral, aposentador y actor, nace en París en 1622 en la burguesía acomodada. Se orienta muy pronto hacia el teatro y funda con la actriz Madeleine Béjart la compañía del Ilustre Teatro. Después de doce años de representaciones teatrales en provincias, regresa a París donde Luis XIV se fija en él y lo toma a su servicio.

Escribe principalmente comedias en las risas se mezclan con los defectos de sus contemporáneos (el preciosismo, la pedantería, la avaricia, etc.) y critica la sociedad del siglo XVII (los padres autoritarios, los falsos devotos, los médicos charlatanes, etc.). Sus numerosas obras ejercen hoy una influencia considerable y hacen de Molière uno de los escritores principales del siglo clásico.

EL AVARO

EL AVARO, UNA FIGURA EMBLEMÁTICA DEL TEATRO DE MOLIÈRE

- **Género:** comedia
- **Edición de referencia:** Molière. 1989. *El avaro y El enfermo imaginario*. Traducido por Carlos Ortega. Madrid: Cátedra, colección *Letras Universales*
- **Primera edición:** 1668
- **Temáticas:** burguesía, matrimonio, astucia, avaricia, dinero, amor

El avaro es una comedia en cinco actos escrita en prosa. Se representó por primera vez en 1668 en el teatro del Palacio Real. La trama se desarrolla en París. Está inspirada en la *Aulularia* o *La comedia de la olla* de Plauto (poeta cómico latino del siglo III a. C.) y cuenta cómo Harpagón, un viejo burgués obsesionado con el dinero, obstaculiza los proyectos sentimentales de sus dos hijos, Elisa y Cleantes. Pero al final se salen con la suya gracias a un golpe de efecto en el último acto.

Paradójicamente, *El avaro* no obtuvo un verdadero éxito en su estreno, pero hoy en día se ha convertido en una de las obras más representadas del dramaturgo. En cuanto a Harpagón, es una de las figuras emblemáticas del teatro de Molière.

RESUMEN

ACTO PRIMERO

Elisa y Valerio se quieren. Después de salvarla de ahogarse, el joven renuncia a su patria y a su condición social para estar junto a ella. De hecho, se pone al servicio de Harpagón, padre de Elisa, al que intenta ganarse halagándolo constantemente.

Cleantes, hermano de Elisa, está enamorado de Mariana, una joven recién instalada en el barrio. No es rica y cuida de su madre, que está enferma. Cleantes sufre por no poder declararle sus sentimientos por la avaricia de su padre, que no le da nada. Pero, como éste se niega a unir a su hijo con la mujer que ama, Cleantes planea irse con ella. Para ello, tendrá que coger dinero.

El dinero que posee Harpagón representa para él una obsesión enfermiza: teme que el jardín no sea un escondite lo suficientemente seguro para sus diez mil escudos.

El anciano aborda el tema del matrimonio con sus hijos. Le pregunta a su hijo qué piensa de Mariana. Cleantes, lleno de esperanza, la alaba, pero su entusiasmo se convierte en estupefacción cuando Harpagón anuncia que quiere casarse con la joven.

Harpagón decide que su hijo se case con una viuda y su hija con Anselmo, un señor rico. Ante las protestas de Elisa, decide casarla esa misma noche.

ACTO SEGUNDO

Cleantes confiesa a El Flecha, su criado, que su padre es su rival porque aspiran a la misma mujer. Por otro lado, gracias a maese Simón, el joven consigue un préstamo, pero con muy malas condiciones, lo que molesta a Cleantes. Los dos hombres se encuentran con maese Simón acompañado de Harpagón y se dan cuenta de que Harpagón es el usurero de Cleantes. Padre e hijo discuten, porque los dos creen que la actitud del otro es imperdonable.

Frosina, que tiene negocios con Harpagón, le cuenta que la madre de Mariana acepta que se case con él. También le anuncia que Mariana irá a la boda de Elisa. Harpagón piensa en el dinero que podrá ganar por esta unión y teme no gustarle a la joven. Al final de la conversación, Frosina intenta que le pague, pero la echa.

ACTO TERCERO

Con el fin de reducir gastos, Harpagón da diferentes órdenes para los preparativos de la celebración de la boda. Apoyado por Valerio, le impone a maese Santiago (cochero y cocinero) que reduzca la cantidad de comida para el almuerzo. Maese Santiago, enfadado, acusa a Valerio de ser un adulador y asegura que Harpagón es el hazmerreír de todos. Por ello, los dos hombres le pegan. Muy resentido, jura vengarse.

En casa de Harpagón, Mariana le revela a Frosina que está enamorada de Cleantes. No quiere casarse con Harpagón, porque le parece horrible. Por su parte, Cleantes confiesa que no se alegra de la idea de que Mariana sea su madrastra.

Luego, delante de todo el mundo y con la excusa de hablar en nombre de su padre, le declara su amor. En su honor organiza un tentempié en el jardín y le regala un anillo que pertenece a Harpagón, lo que hace enfurecer a su padre.

ACTO CUARTO

Mariana y Cleantes, decididos a comprometerse, buscan una solución a sus problemas. La joven tiene pensado confesarle todo a su madre para que le apoye.

Harpagón ve cómo Cleantes da un beso en la mano a Mariana. Comienza entonces una discusión con su hijo y le pide su opinión sobre su futura madrastra. Cleantes le dice todo lo contrario de lo que piensa. Harpagón, de forma hipócrita, afirma que es una pena porque acababa de cambiar de opinión e iba a dejarle a Mariana. Así pues, Cleantes le confiesa sus sentimientos, pero Harpagón se niega a renunciar a ella. Discuten con violencia y la especie de tentativa del maese Santiago para arreglar sus discrepancias no conduce a ningún sitio.

El Flecha roba el tesoro de Harpagón y se lo enseña a Cleantes. Harpagón se da rápidamente cuenta de la desaparición de su fortuna. Está desesperado y quiere recurrir a la justicia para recuperarla.

ACTO QUINTO

Harpagón acude a un comisario para que abra una investigación. Interrogan sobre el robo a maese Santiago, que se los encuentra por casualidad. Piensa que es una buena ocasión para vengarse de Valerio y, por ello, el hombre lo acusa de ser responsable del robo.

Valerio entra en la habitación. Harpagón intenta hacerle confesar el robo. Como sus acusaciones no son precisas, hay un *quid pro quo* o malentendido: Valerio cree que la discusión es por su amor hacia Elisa. Justifica sus actos y anuncia que Elisa ha firmado una promesa de matrimonio. Harpagón, furioso, quiere ahorcar a Valerio. Elisa le cuenta que el joven le salvó la vida, pero le da igual.

Entonces aparece el señor Anselmo. Harpagón le explica que Valerio es un traidor que ha entrado en su casa para robarle su dinero y a su hija. Valerio no sabe de qué delito se le acusa, y asegura que es hijo de un noble, don Tomás de Alburcy.

Anselmo lo tacha de impostor porque don Tomás de Alburcy murió con su familia en un naufragio dieciséis años atrás. Valerio responde que el hijo –en este caso él– sobrevivió. Años más tarde se entera de que su padre estaba vivo y comienza a buscarlo.

Las declaraciones de Valerio causan estupefacción en todo el mundo. Mariana cuenta que ella es la hija de don Tomás de Alburcy: su madre y ella también sobrevivieron al naufragio. Anselmo confiesa que es su padre y los tres se abrazan delante de Harpagón, que no entiende nada pero insiste en recuperar su dinero.

Cleantes dice a su padre que recuperará el dinero si acepta ofrecerle a Mariana como esposa. Anselmo anima a

Harpagón a dar su consentimiento a los dos matrimonios, algo que hará, pero con la condición de no pagar nada.

El Flecha pone discretamente la fortuna en la mesa, Harpagón la ve y se llena de alegría.

ESTUDIO DE LOS PERSONAJES

HARPAGÓN

Harpagón es un burgués viudo que tiene dos hijos: Elisa y Cleantes. Está obsesionado con una cosa: el dinero. Lo único que le interesa aparte del dinero es su matrimonio con Mariana. Harpagón intenta gustarle a la chiquilla hasta resultar grotesco. De hecho, intenta parecer más viejo y se pone unas gafas horribles porque Frosina le ha asegurado que a Mariana sólo le gustan los ancianos cegatos. Sin embargo, incluso en los asuntos sentimentales, la obsesión de Harpagón sale a flote: la perspectiva de un matrimonio con una mujer modesta que no le aporta riqueza no le preocupa nada.

Su comportamiento provoca la animadversión de todos: Cleantes y Elisa se enfadan con él, Frosina está enfadada con él por no haberle pagado por su trabajo de alcahueta y El Flecha quiere hacerle pagar su avaricia («Visto su proceder, me darían tentaciones de robarle y, al robarle, me parecería realizar una acción de mérito», Molière 1989, acto segundo, escena primera).

Por otro lado, Harpagón es egoísta, intransigente, autoritario, irascible y aprecia los halagos (en especial los de Frosina y Valerio).

CLEANTES

Cleantes es hijo de Harpagón y está enamorado de Mariana.

Está decidido a llevar su vida como quiere, aunque su padre obstaculiza sus proyectos. Así, como no recibe nada de Harpagón, gana dinero en apuestas y hace gestiones para pedir préstamos. Por otro lado, le confiesa a su hermana que está dispuesto a huir con Mariana si hace falta.

Cuando se entera de que Harpagón le hace la competencia en el plano sentimental, no duda en enfrentarse a él. Demuestra incluso audacia cuando le confiesa a Mariana sus sentimientos en presencia de su padre. Cleantes es el personaje que se opone de manera más decidida a Harpagón.

Recibe la valiosa ayuda de El Flecha, que resulta especial-mente útil cuando consigue robar la fortuna de Harpagón. De hecho, este robo permite a Cleantes chantajear a su padre, que le acaba concediendo la mano de Mariana.

MARIANA

Mariana acaba de llegar al barrio de París donde se desarro-lla la acción y Cleantes la describe así:

> «Una joven [...] que parece hecha para dar amor a cuantos la ven. [...] A todo se entrega con la más encantadora disposición, y todos sus actos destellan mil encantos: una dulzura plena de atractivos, una bondad cautiva-dora, una honestidad adorable [...]» (Molière 1989, acto primero, escena segunda).

La joven vive muy modestamente y cuida de su madre. En el último acto se revela su verdadera identidad: las dos muje-res son respectivamente la hija y la esposa de don Tomás de

Alburcy. Sobrevivieron al naufragio ocurrido dieciséis años atrás y fueron esclavas de unos piratas. Cuando consiguieron la libertad, regresaron a Nápoles, su ciudad de origen, donde no les quedaba ninguna propiedad. Volvieron a irse para instalarse finalmente en París.

Mariana quiere a Cleantes y no quiere casarse con Harpagón. Los dos jóvenes tienen la sensación de estar en un callejón sin salida, pero sus problemas se resuelven poco a poco. Al principio, la madre de Mariana le permite decidir el hombre con el que se quiere casar. Más tarde el señor Anselmo, que resulta ser su padre, también consiente su unión. Al final Harpagón, fiel a sí mismo, prefiere renunciar a ella y recuperar su fortuna.

VALERIO

El objetivo de Valerio es casarse con Elisa. Para conseguirlo, planea dos soluciones:

- encontrar a su familia. De hecho, el joven piensa que la nobleza de su sangre convencería a Harpagón de darle a su hija en matrimonio: «Pero, en fin, si como espero, puedo volver a ver a mis padres, no nos costará mucho ponerlos de nuestra parte» (Molière 1989, acto primero, escena primera);
- mientras tanto, Valerio se ha convertido en criado de Harpagón para intentar darle buena impresión y estar al lado de Elisa. Valerio sabe que a Harpagón le gusta que le den la razón, así que siempre se la da. Esta actitud continua le perjudica: se enemista con maese Santiago,

que le acusa de robar el cofre. Valerio cuenta que es el hijo de Tomás de Alburcy para demostrar su inocencia. Después del naufragio, el capitán de un navío español lo recogió y crió.

ELISA

Elisa, la hija de Harpagón, está perdidamente enamorada de Valerio desde que la salvó de ahogarse. Se lleva muy bien con su hermano y es su confidente. Los dos se unen para enfrentarse a Harpagón.

Elisa demuestra valor cuando se atreve a decirle a Harpagón que se niega a casarse con el señor Anselmo. Por desgracia, sus protestas sólo consiguen irritar a Harpagón que, en consecuencia, decide casarla ese mismo día. Está decidida a no someterse a las decisiones de su padre y firma una promesa de matrimonio con Valerio. La llegada de Anselmo y el desenlace resuelven los problemas de la joven.

ANSELMO

Harpagón quiere casar a su hija con Anselmo porque cree que puede sacar provecho de esta unión: es rico, que él sepa no tiene hijos de su primer matrimonio y aceptar casarse con Elisa sin dote.

El señor Anselmo aparece al final de la obra y representa un *deus ex machina* (personaje o suceso que aporta un desenlace inesperado a una situación sin salida o trágica). De hecho, su intervención permite un desenlace feliz para las jóvenes parejas. La revelación de su verdadera identidad constituye un golpe de efecto: Anselmo es en realidad don Tomás de Alburcy. Pensaba que era el único superviviente del naufragio y, como temía por su vida en Nápoles, vendió sus bienes, cambió de identidad y se fue a vivir a Francia.

El hombre, generoso, lleno de alegría por haber encontrado a su familia, acepta encargarse de pagar los matrimonios de sus dos hijos.

CLAVES DE LECTURA

EL AMOR Y EL DINERO, MOTORES DE LA ACCIÓN

El avaro presenta un conflicto entre Harpagón y dos parejas jóvenes. Pero también hay una oposición entre ellos por lo que motiva sus acciones: mientras la avaricia dicta las decisiones de Harpagón, Cleantes, Mariana, Valerio y Elisa actúan siempre por amor.

La etimología del nombre «Harpagón» es en sí significativa. De hecho, *harpago* significa en latín «rapaz». El protagonista de la obra está destinado a orientar sus decisiones y acciones en función de su avaricia:

- busca a toda costa ahorrar: se viste con ropa vieja, no alimenta lo suficiente a sus caballos, no da dinero a sus hijos (Cleantes declara: «¿Háse visto algo más cruel que la estricta economía que se ejerce sobre nosotros y esta sequía en la que se nos deja languidecer?», Molière 1989, acto primero, escena segunda), se niega a pagar una buena boda a su hija y se mantiene insensible cuando Frosina le pide una recompensa por los servicios que le ha prestado;
- se las arregla para ganar dinero: presta dinero a maese Simón con unos intereses muy altos y le alegra la idea de que su hija se case con Anselmo, un hombre rico;
- angustiado y paranoico, teme que le roben. Suele ir al jardín, donde tiene el dinero enterrado. Desconfía de todo el mundo: registra minuciosamente a El Flecha cuando

sale de su casa, acusa a su propio hijo de robarle dinero y sospecha de todos los habitantes de la ciudad cuando le roban el cofre.

La insistencia con la que Molière expone la avaricia de su personaje hace de *El avaro* una comedia de carácter (comedia en la que el autor critica los comportamientos y vicios de los hombres). El autor traza el retrato de un hombre cuyo vicio tiene consecuencias desafortunadas para su entorno, como hace en otras obras (*Tartufo, El misántropo, El enfermo imaginario*, etc.). Esta decisión influye en la escritura y en particular en el vocabulario: el campo léxico del dinero es recurrente en el discurso de Harpagón («préstamo», «escudo», «dotes», «gastos», etc.).

Pero la obra es también una comedia costumbrista, una sátira social que representa a la burguesía, clase social en auge en el siglo XVII. Harpagón, el burgués, se opone al noble señor Anselmo, que no duda en gastar dinero para hacer felices a sus hijos.

A diferencia de Harpagón, el comportamiento de los cuatro jóvenes estáguiado por completo por el sentimiento amoroso:

- Cleantes planea fugarse con Mariana y, a diferencia de su padre, está contento de poder ayudar económicamente a la joven:

  > «Figuraos, hermana, el placer que supone el poder mejorar la suerte de la persona amada, contribuyendo hábilmente con algunas ayudas a los modestos meneste-

res de tan virtuosa familia» (Molière 1989, acto primero, escena segunda).

- Mariana convence a su madre para que renuncie al primer hombre que eligió para el matrimonio de su hija;
- Elisa desobedece la autoridad paternal al firmarle una promesa de matrimonio a Valerio;
- Valerio, por amor a Elisa, se rebaja a ser criado de Harpagón, al que trata con gran hipocresía.

Estas acciones serían condenables según las costumbres del siglo XVII. Sin embargo, provocan la aprobación del público porque amenazan los intereses de un hombre poco apreciable y están motivadas por una causa justa.

LOS RECURSOS DE LO CÓMICO

A pesar de la trama *a priori* sombría (la soledad de un padre por la tiranía que ejerce en su entorno), *El avaro* es una comedia. En consecuencia, la obra busca suscitar la risa. De esta forma, Molière explota las distintas técnicas de la comedia presentes en el teatro:

- lo cómico del carácter basado en la personalidad del protagonista: el dramaturgo exagera el defecto de Harpagón a veces hasta caricaturizarlo, lo que lo vuelve ridículo (por ejemplo, la insistencia con la que registra a El Flecha antes de salir de casa, acto primero, escena tercera);
- lo cómico de la situación, que se basa, entre otros recursos, en el *quid pro quo* (malentendido que consiste en tomar una cosa o a una persona por otra): un ejemplo es

cuando Valerio piensa que Harpagón le está reprochando que le haya quitado a Elisa cuando en realidad el anciano habla de su fortuna:

> «Valerio: Todos mis deseos se limitan al de gozar con su vista, y nada criminal ha profanado el amor que me han inspirado sus preciosos ojos.
> Harpagón: ¿Los preciosos ojos de mi fortuna? Habla de ella como un hombre de su amada» (Molière 1989, acto quinto, escena tercera)

- lo cómico del gesto, relacionado con las expresiones faciales (por ejemplo, el aire idiota de Harpagón cuando conoce a Mariana, acto tercero, escena quinta), las caídas (El Merluza, uno de los sirvientes de Harpagón, lo arrolla, acto tercero, escena novena) o los castigos corporales que se infligen los personajes (Valerio pega al Maese Santiago con un bastón, acto tercero, escena segunda);
- lo cómico de las palabras que reside principalmente en los juegos de palabras. Por ejemplo, El Flecha se burla de la avaricia de Harpagón asegurando que: «siente tanta aversión por la palabra *dar* que nunca dice *os doy*, sino *os presto los buenos días*» (Molière 1989, acto segundo, escena cuarta).

EL AVARO, UN BUEN EJEMPLO DE INTERTEXTUALIDAD

Molière usa diferentes fuentes para redactar su obra:

- se inspira principalmente en *Aulularia* o *La comedia de la olla* de Plauto, comedia escrita alrededor del año 200

a. C. El esquema de la obra original se repite en *El avaro*: Euclión, un anciano, encuentra una marmita llena de oro. Le angustia la idea de que se la roben, como al final ocurre. Molière copia a Plauto en fragmentos de escenas más concretos, como en el célebre monólogo de Harpagón (acto cuarto, escena séptima). Con esta referencia al teatro latino, Molière sigue la moda de la época de imitar a los autores clásicos;

- la idea del padre usurero hasta con su hijo está ya en *La Belle Plaideuse* (1655) de Boisrobert (poeta francés, 1592-1662);
- *Los supuestos* (1509) de Ariosto (escritor y poeta italiano, 1474-1533) cuenta la historia de un joven que se pone al servicio del padre de su amada. Comienza un conflicto con otro criado (en este caso, el Maese Santiago) y al final el joven encuentra a su padre y recupera así su condición social.

Luigi Riccoboni, actor y escritor italiano del siglo XVII, asegura que «en la comedia de *El avaro* sólo hay cuatro escenas inventadas por Molière». Pero esto no quita mérito al dramaturgo. De hecho, con esta obra demuestra su talento al combinar distintas fuentes para crear una obra original.

PISTAS PARA LA REFLEXIÓN

ALGUNAS PREGUNTAS PARA PROFUNDIZAR EN SU REFLEXIÓN...

- *El avaro* pone de relieve el vicio de un hombre. Después de revisar lo que los demás personajes opinan de Harpagón y el desenlace de la obra, ¿cree que Molière quiso presentar en su obra una moral que condena la avaricia?
- Jean-Jacques Rousseau, famoso escritor y filósofo del siglo XVIII tiene una opinión muy crítica de *El avaro* « Seguramente es un gran vicio ser avaro y prestar a usura; ¿pero no lo es aún mayor en un hijo robar a su padre, faltarle al respeto [...] Si la burla es excelente, ¿es por eso menos punible? Y la pieza en que se hace amar a este hijo insolente que la ha hecho, ¿es menos que una escuela de malas costumbres?» ¿Está de acuerdo con esta opinión? Justifique su respuesta.
- ¿En qué aspecto se puede considerar *El avaro* una obra que se basa en la ocultación y el secreto? ¿Qué efectos tiene el disimulo?
- Molière se inspira en diferentes obras que surgieron con anterioridad, pero también en elementos reales, de su vida privada, en particular. ¿Cómo explicaría este planteamiento?
- Balzac, autor realista del siglo XIX, explica lo siguiente: «Molière creó la avaricia en Harpagon: yo he creado un avaro con el tío Grandet». Al comparar a Harpagón y al tío Grandet, ¿se puede suponer que Balzac se inspiró en *El avaro* para construir su personaje? ¿Cree que el objetivo de los dos autores era el mismo?

- ¿Se puede calificar *El avaro* de «comedia sombría»?
- ¿Hacer de Harpagón un personaje enamorado entra en contradicción con la descripción que hace Molière de él?
- La obra de Molière tiene numerosas adaptaciones cinematográficas, como la de Christian de Chalonge en 2006. ¿Qué cambios significativos (en cuanto al contenido de la historia, su construcción, la interpretación de los actores, etc.) produce el paso de la escena a la pantalla?

¡Su opinión nos interesa!
¡Deje un comentario en la página web de su librería en línea,
y comparta sus favoritos en las redes sociales!

PARA IR MÁS ALLÁ

EDICIÓN DE REFERENCIA

- Molière. 1989. *El avaro* y *El enfermo imaginario*. Traducido por Carlos Ortega. Madrid: Cátedra, colección *Letras Universales*.

ESTUDIO DE REFERENCIA

- La Comédie Française, "Biographie". Consultado el 2 de diciembre de 2015. http://www.comedie-francaise.fr/histoire-et-patrimoine.php?id=511

ADAPTACIONES

- *El avaro*. Telefilme dirigido por Christian de Chalonge, con Michel Serrault, 2006.
- Lihou, Jean Pierre. 1997. Cómic *L'avare*. París: Dessain et Tolra.

EN RESUMENEXPRESS.COM

- Guía de lectura de *Anfitrión* de Molière.
- Guía de lectura de *Don Juan* de Molière.
- Guía de lectura de *El enfermo imaginario* de Molière.
- Guía de lectura de *Las preciosas ridículas* de Molière.
- Guía de lectura de *Tartufo* de Molière.

ResumenExpress.com

Muchas más guías para descubrir tu pasión por la literatura

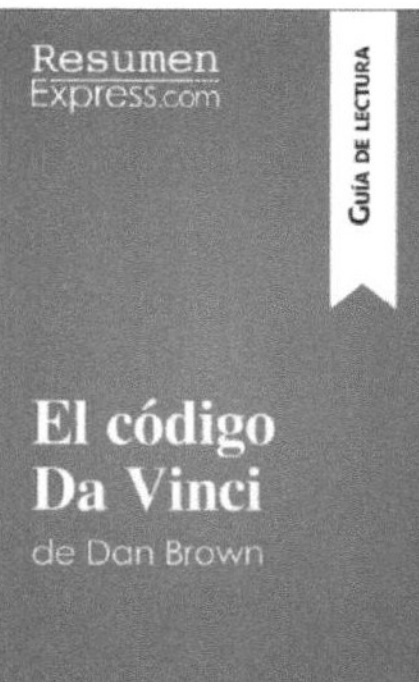

www.resumenexpress.com

www.resumenexpress.com

ISBN ebook: 9782806272799

ISBN papel: 9782806272812

Depósito legal: D/2015/12603/577

Cubierta: © Primento

Libro realizado por Primento, el socio digital de los editores